DE AVONTUREN VAN

HET VOETBALGEKKE ELFTAL

Op zoek
naar een mascotte!

ULLI SCHUBERT

DELTAS

Title of the original German edition: *Torjäger Timo gibt nicht auf*
© MCMXCIX Loewe Verlag GmbH, Bindlach
All rights reserved.
© Zuidnederlandse Uitgeverij N.V., Aartselaar, België, MMIX.
Alle rechten voorbehouden.
Deze uitgave door: Deltas, België-Nederland
Nederlandse vertaling: Anne Vandeput
Gedrukt in België

D-MMVIII-0001-450
NUR 282

Inhoud

Een heel gemene strafschoptruc

Eindelijk is het zover. Binnen enkele minuten geeft de scheidsrechter het fluitsignaal voor de eerste wedstrijd van het nieuwe seizoen. De voetbalvrienden kleden zich om in de kleedkamer. Ze zijn een beetje nerveus, maar ze kijken er enorm naar uit om weer te spelen.

De trainer verdeelt de voetbalshirts. Het team speelt vandaag voor het eerst in de nieuwe outfit die ze enkele weken geleden zelf mochten uitkiezen. Oceaanblauw en zelfs met een rugnummer! Elke speler heeft nu zijn eigen shirt.

Thomas krijgt als laatste speler het shirt met de aanvoerdersband. In de teamkoffer ligt nu alleen nog maar de keeperstrui van Pieter.

'Waar is Tims shirt?' vraagt de trainer verbaasd. Hij klopt op de lege koffer alsof hij op zoek is naar een dubbele bodem. Dat shirt moet toch ergens zijn!

Ineens beginnen de spelers te lachen. Meneer Trap draait zich om en gelooft zijn ogen niet. Alle spelers dragen schone, gladgestreken shirts, maar Tims hemd is helemaal gekreukt. Op de zijkant zit een grote, donkere vlek.

'Hoe slordig zie jij er uit?!' roept de trainer ver-
ontwaardigd.

Tim bijt op zijn lip en kijkt naar de grond.

'Wat heb jij in godsnaam met dat shirt gedaan?'
vraagt meneer Trap.

'Ik heb het na de training mee naar huis geno-
men', antwoordt Tim.

'En waarom is het dan zo gekreukt?' wil de
trainer weten. 'Het lijkt alsof je er de afgelopen
nacht in geslapen hebt!'

'Dat heb ik ook', biecht Tim op. 'En de nachten
daarvoor ook.'

De trainer bekijkt hem hoofdschuddend.

'Ik moest het toch indragen', verdedigt Tim zich. 'Het is toch nog nieuw.'

Het halve team proest het uit.

Zelfs de trainer kan een fijn lachje niet onderdrukken. 'Wat een onzin!' lacht hij en legt uit: 'Schoenen moet je inlopen, zodat ze niet knellen. Maar ik heb echt nog nooit gehoord dat iemand een shirt indraagt. En al helemaal niet 's nachts in z'n bed!'

Tim haalt zijn schouders op. Wat kan hij hierop zeggen? Hij was zo trots dat meneer Trap hem na de laatste training het shirt met het nummer 10 gaf. Het shirtnummer van Zinédine Zidane, die ooit verkozen is tot beste voetballer van de wereld. Zonder lang na te denken heeft hij het in zijn tas gestopt en het thuis aan mama en papa laten zien. 's Avonds heeft Tim het dan aangetrokken om te zien of het shirt echt wel paste. Toen is hij in slaap gevallen en heeft fantastisch gedroomd: van omhalen, trappen in de hoek van de goal en van een gouden beker. Hij heeft het shirt ook de volgende avond weer aangetrokken.

'En wat is dat voor een vlek?' onderbreekt de trainer Tims gedachten.

'Chocola', zegt Tim verlegen. Gisteravond kon hij niet in slaap komen. Hij was te opgewonden omdat zijn eerste voetbalseizoen eindelijk begon. Toen hij een voetbalboek van de boekenplank wilde nemen, ontdekte hij nog een reep chocola. Die had hij een paar weken geleden verstopt, uit voorzorg voor slechtere tijden, bijvoorbeeld als hij iets zou hebben uitgehaald en daarom zijn zakgeld werd ingehouden. Als je de slaap niet kunt vatten is het volgens Tim dus ook een slechte tijd. Daarom heeft Tim zich met het boek en de reep chocola in zijn bed verstopt. Stiekem natuurlijk, want anders zou mama hem aan de oren hebben meegesleept voor een potje verplicht tandenpoetsen. Tim is dan toch in slaap gesukkeld. Maar spijtig genoeg heeft hij een klein stukje chocolade vergeten op te eten…

'Wat doen we nu met Tim?' vraagt de trainer. 'In dat gekreukte, vieze shirt kan hij zich toch niet op het veld vertonen!'

'Echt wel!' roept Tim. 'Die vlek valt toch bijna niet op!'

Meneer Trap wil iets antwoorden. Maar net op dat moment fluit de scheidsrechter de twee teams bij elkaar voor de deur van de kleedkamer.

'Yes, het gaat beginnen!' De trainer roept de spelers bij elkaar. 'Ik heb jullie niet veel te zeggen', begint hij zijn korte preek. 'Onze tegenstander is sterk. Vorig jaar is Eendracht tweede geworden in onze divisie. Als ik me goed herinner hebben we twee wedstrijden tegen hen verloren. Dat mag dit jaar niet opnieuw gebeuren. We spelen dus ditmaal met een sterke verdediging. Weten jullie wat dat betekent?'

'De aanvallers altijd dekken?' vraagt Matthijs, de verdediger, aarzelend.

'Juist', zegt de trainer lovend. 'En wat heeft dat voor het middenveld te betekenen?'

'Dat wij niet zo ver mogen uitlopen', antwoordt Lucas snel. 'Als we zelf aanvallen en de bal verliezen, moeten de middenveldspelers onmiddellijk teruglopen tot achter de middenlijn.'

'Goed zo.' Meneer Trap knikt tevreden. Dan kijkt hij naar Tim. 'Waar moet jij als spelmaker op letten?'

Tim denkt na. Het is pas de tweede keer dat hij bij zo'n tactische teambespreking voor een wedstrijd aanwezig is. De trainer heeft hem uitgelegd welke rol de spelmaker heeft. Maar in plaats van goed te luisteren, heeft Tim apetrots het shirt zitten bewonderen. Eén ding is hem in ieder geval duidelijk: de speler op zijn positie is de belangrijkste speler in elk team. Waarom? Dat weet hij helaas niet zo goed.

'Als jij de bal hebt,' legt de trainer uit, 'dan moet jij de aanval langzaam opbouwen. Je medespelers zijn dan bijna allemaal in hun eigen helft.'

'Ja ja!' roept Tim. 'Die moeten eerst terug naar voren lopen.'

'Juist', zegt de trainer. 'Dus geen hoge voorzetten en geen snelle dribbel. Wacht liever totdat de anderen opgerukt zijn. Heb je dat begrepen?'

Tim knikt.

'Is jullie alles duidelijk?' vraagt de trainer.

'Alles in het koppie!' roepen de spelers.

'Ga dan maar vlug naar buiten! Jullie zijn een sterk team! Jullie zijn veel beter dan vorig seizoen. Jullie moeten niet bang zijn voor de tegenpartij. Die hebben…'

'… ook maar twee benen!' vullen de spelers aan in koor. Dit is de lievelingsspreuk van de trainer. Die zegt hij voor elke wedstrijd.

Lachend trekt hij de deur open en de spelers stormen het veld op.

Er is nog een beetje tijd voordat het fluitsignaal klinkt. De spelers lopen over het veld en doen een paar warming-ups.

Pieter gaat in de goal staan. Hij is nogal dik voor een keeper. Toen Tim hem voor de eerste keer meebracht, werd Pieter door de andere spelers uitgelachen. Maar Tim heeft stiekem getraind met Pieter en sindsdien is hij van dag tot dag beter geworden.

Tim en de twee aanvallers oefenen met Pieter zodat hij ook zijn spieren kan opwarmen. Dan fluit de scheidsrechter de twee teams naar de middenlijn.

Hij toont een muntstuk aan de twee aanvoerders.

'Munt', zegt de aanvoerder van Eendracht.

De scheidsrechter gooit het muntstuk omhoog. Het valt draaiend op de grond.

'Kop', stelt de scheidsrechter vast. FC De Trappers heeft de keuze.

'Wij blijven', beslist Thomas.

'Eindelijk gaat het beginnen!' denkt Tim. Hij schuift nerveus zijn voeten over het gras.

Eendracht heeft de aftrap. Een speler trapt de bal naar voren. De twee buitenaanvallers van Eendracht stormen onmiddellijk langs de zijlijnen naar voren. FC De Trappers-verdedigers Matthijs en Ben rennen naar hun tegenspelers en plakken aan hen vanaf de eerste minuut. De middenveldspelers vallen ook terug en bouwen pas op vijftien meter voor het eigen strafschopgebied een verdedigingslijn op. Alleen de twee verdedigers lopen enkele passen naar de helft van de tegenpartij. Tim blijft plakken aan de middenlijn. De spelers van Eendracht overbruggen het middenveld zonder problemen. Voor het strafschopgebied wacht er echter een sterke verdediging op hen. Ze worden onmiddellijk aangevallen zodra ze te dicht bij het strafschopgebied komen.

De verdediging van FC De Trappers staat als een huis. Lucas speelt de bal uit de voeten van de tegenspeler. Tim loopt zich vrij en krijgt de bal zonder problemen voor zijn voeten. Dat is een tof gevoel. Hij begint te spurten, passeert de eerste aanvaller en rent naar de volgende. Hij kijkt snel zoekend om zich heen. De twee aanvallers worden jammer genoeg gedekt. Verder is er in de verste verte geen vrije medespeler te zien. Tim dribbelt dus in z'n eentje naar de goal van Eendracht. Hij wordt tegengehouden door drie verdedigers. Meteen verliest hij de bal.

De bal blijft echter niet lang in het bezit van Eendracht. Ben let goed op. Hij neemt een rustige pass en speelt de bal naar Tim.

'Nu heb ik meer geluk dan daarnet', denkt de spelmaker. Hij neemt de bal over en schiet, zonder omhoog te kijken, schuin naar rechtsbuiten. Thomas wordt helaas goed gedekt. Hij kan de pass niet aannemen.

'Zeg Tim, doe eens kalm aan!' roept de trainer.

De spelmaker kijkt naar de zijlijn. De trainer geeft een teken dat hij rustiger moet spelen.

Nu pas schieten de woorden van de trainer, die hij in de kleedkamer had uitgesproken, Tim te binnen. Hij had er door alle spanning helemaal niet meer aan gedacht. Hij knikt om de trainer te laten weten dat hij het heeft begrepen.

In de eerste speelhelft kan hij zijn aanval niet verder opbouwen. Eendracht is echt enorm sterk.

Tims medespelers hebben hun handen vol om een tegendoelpunt te verhinderen. Elke aanval rolt in de richting van de goal van FC De Trappers. Pieter moet heel wat gevaarlijke ballen onschadelijk maken.

Eindelijk klinkt het verlossende fluitsignaal dat het einde van de eerste helft aankondigt. De spelers van FC De Trappers zijn bekaf.

'Jullie doen dat prima', zegt de trainer aanmoedigend. 'Speel zo verder. Eendracht wordt vast en zeker zenuwachtig als ze niet snel een doelpunt maken. Wij zullen onze kans nog wel krijgen. En als dat niet gebeurt, is dat ook niet erg. Een gelijkstand zou al een mooi resultaat zijn.'

De scheidsrechter geeft het fluitsignaal voor het begin van de tweede helft.

'Speel net zo rustig verder als jullie in de eerste helft hebben gedaan. Jullie zullen het wel halen', zegt de trainer bemoedigend.

De tweede helft begint zoals de eerste eindigde: met onafgebroken aanvallen van Eendrachtspelers. Anders dan in de eerste helft kunnen zij nu geen enkele kans meer uitspelen. Het middenveld van FC De Trappers valt steeds iets eerder dan zij aan. Bovendien hebben Matthijs en Ben zich goed ingesteld op de twee aanvallers. Pieter hoeft geen enkele keer uit het doel te komen. Ook

FC De Trappers brengt niet één keer de keeper van de tegenpartij in gevaar.

Er moeten nog maar een paar minuten worden gespeeld. De aanvallen van Eendracht zijn niet meer zo zelfverzekerd. Het ziet ernaar uit dat de eindstand 0 - 0 wordt.

Eendracht begint wanhopig aan een laatste aanval. De rechtsbuiten heeft de bal en loopt naar het strafschopgebied. Ben loopt er hijgend achteraan. Maar de tegenspeler is sneller! Ben bundelt dan zijn laatste krachten, spurt de rechtsbuiten voorbij en wil de bal met gespreide benen afpakken. Maar hij raakt helaas alleen het been van de tegenspeler. Vlak voor het strafschopgebied valt de rechtsbuiten schreeuwend op de grond.

Ben buigt zich onmiddellijk over hem heen en verontschuldigt zich.

'Je hebt geluk', zegt de scheidsrechter. 'Nog een keer vals spel en je vliegt van het veld.'

'Maak een muur!' roept Pieter. Hij springt opgewonden heen en weer in de goal.

De verdedigers stellen zich dicht tegen elkaar op om hun doel te beschermen. Twee tegenspelers wringen zich ertussen. Drie andere spelers staan rond de bal op de elfmeterstip.

'Die verzinnen zeker een truc', denkt Tim. 'Eentje neemt een aanloop, springt over de bal en een andere schiet…'

Eendracht heeft inderdaad een truc in petto. Maar die ziet er wel iets anders uit dan Tim in

gedachten heeft. Een speler neemt een aanloop en schept de bal over het veld, over de muur. De linksbuiten stormt zo snel als de bliksem rond de muur en schiet de bal met een lobje in de goal.

Pieter heeft geen schijn van kans. Die lobbal belandt al in het net voordat hij nog maar kan reageren.

'Nee!' roept Tim wanhopig.

De scheidsrechter fluit niet meer. Het spel is uit. FC De Trappers verliest met 1 - 0.

Tim staart de juichende Eendracht-spelers sprakeloos aan. 'Wat een gemene rottruc', denkt hij. 'Wat een vreselijk gemene strafschoptruc.'

Met man en macht

De volgende dagen is Tim boos. Hij moet steeds aan dat elfmeterdoelpunt denken waardoor FC De Trappers de eerste wedstrijd van het nieuwe seizoen verloor. Dat heeft hem helemaal uit zijn humeur gebracht.

Zijn stemming wordt pas weer wat beter tijdens de eerste training. Iedereen wil de fout herstellen. Tijdens de oefeningen doen de spelers nog meer hun best. Het hele team wil de volgende wedstrijd absoluut winnen.

Die wedstrijd is jammer genoeg geen thuiswedstrijd en op een vreemd veld is het meestal veel moeilijker om te winnen dan op het eigen veld. Als de spelers de volgende zondagmorgen op het station staan te wachten, zijn Tim, Pieter, Thomas, Matthijs en de anderen toch overtuigd dat ze vandaag gaan winnen.

'Olé, olé, FC De Trappers, olé…' zingen de spelers luidkeels als ze naar de trein lopen. Ze neuriën zelfs opgewekt verder in de trein. Ze zingen het ene liedje na het andere. Enkele passagiers verlaten snel de wagon. De trainer schaamt zich een beetje over de houding van zijn spelers. Maar

hij zegt natuurlijk niets. Hij is ook blij dat het team zo goedgehumeurd is.

De rit duurt gelukkig niet al te lang. De deuren gaan met een sissend geluid open en de spelers springen op het perron. De jongens trekken met veel lawaai door de straten naar het sportveld van

SV 07. Ze zien er erg gevaarlijk uit. Twee voorbij-gangers, die hun hond uitlaten, steken voor alle veiligheid de straat over.

'Wat betekent SV 07 eigenlijk?' vraagt Tim.

'SV betekent Sportvereniging,' legt meneer Trap uit, 'en 07 betekent…'

'… dat die vereniging in 1907 werd opgericht,' onderbreekt Lucas hem, 'meer dan honderd jaar geleden.'

'Dat denk jij', zegt de trainer. 'SV 07 is een heel jong team dat pas in 2007 is opgericht!'

'Dat wordt dus een makkie, die hakken wij toch gemakkelijk in de pan!' brult Thomas. De andere spelers geven hem joelend gelijk.

Dan blijft de trainer plotseling staan. Hij laat een boze blik over de groep dwalen en die komt bij de aanvoerder terecht. 'Wat zeg jij daar?!'

snauwt de trainer. 'Je weet donders goed dat ik zulke verwaande uitspraken niet wil horen! Een jong team is nog lang geen slecht team.'

'Toch wel', zegt Thomas onmiddellijk. 'Mijn vader koopt altijd een krant waarin de voetbaluitslagen staan. Ook die van de jeugdwedstrijden. Hij verzamelt die kranten zelfs. Ik heb het pas nog opgezocht: vorig seizoen stond SV 07 helemaal onderaan op de ranglijst. Ze hebben slechts twee wedstrijden gewonnen en een paar keer gelijkgespeeld. Dan moeten ze toch wel echt superslecht zijn.'

'Dat kan allemaal wel waar zijn,' zegt de trainer, 'maar het nieuwe seizoen is pas begonnen. Misschien hebben ze wel nieuwe spelers of zelfs een nieuwe trainer. Bovendien zal het team van SV 07 vorig seizoen zijn lesje wel hebben geleerd.'

'Moeten we nu soms bang worden?' vraagt Matthijs spottend.

'Nee, natuurlijk niet,' zegt meneer Trap streng. 'maar ik wil ook niet dat jullie de tegenpartij onderschatten.'

'Dat doen we toch ook niet?' oppert Simon.

'O nee? Jullie rennen brullend door de straten en doen alsof jullie onoverwinnelijk zijn. Dat zou ook wel eens heel anders kunnen aflopen.'

'Mogen we zelfs niet zingen?' vraagt Pieter verrast.

'Natuurlijk wel, maar…'

'Nou dan', onderbreekt Ben. Hij ademt diep in en begint te roepen: 'En… wie heeft hier de macht? FC De Trappers!' De spelers lopen weer verder richting het sportveld van SV 07.

De trainer kijkt zijn team zuchtend na. 'Och, wat maakt het ook uit', denkt hij dan. 'Ze zullen wel hun verstand gebruiken als ze weer in het veld staan.' Hij weet immers dat hij altijd op zijn spelers kan rekenen.

Luidkeels zingend bereikt FC De Trappers het sportveld. Een handjevol toeschouwers draait hun hoofden verschrikt om. Zelfs de terreinknecht stopt met z'n werk en kijkt nieuwsgierig achterom. De spelers van SV 07 staan achter een goal en inspecteren stiekem hun tegenpartij.

'En toch gaan we ze van het veld spelen!' fluistert Thomas stil zodat de trainer het niet zou horen.

'Wedden dat ze het nu al in hun broek doen?!' zegt Tim.

'Dat is toch ook logisch,' zegt Pieter, 'want wij halen vandaag onze eerste overwinning!' Hij loopt wijdbeens als een cowboy naar de kleedkamers. Hij gunt de spelers van SV 07 geen enkele blik.

Vandaag hoeft de trainer nauwelijks een woord te zeggen om zijn team te motiveren voor de wedstrijd. Elke speler is erop gebrand om eindelijk met het spel te beginnen.

Overtuigd dat ze gaan winnen, lopen de spelers van FC De Trappers het veld op. De aanvoerder van SV 07 wint de toss. Thomas neemt de bal en legt hem op de middenstip.

De scheidsrechter fluit voor de aftrap, het spel kan beginnen!

Thomas trapt de bal naar Tim. Zonder te stoppen schiet de spelmaker naar Simon. Simon schuift de bal naar Lucas, die op zijn beurt een voorzet geeft naar Thomas. De rechtsbuiten maakt een mooie schijnbeweging naar links en loopt moeiteloos rechts voorbij de verdediger. Vlak voor de doellijn geeft Thomas een scherpe, halfhoge voorzet naar het strafschopgebied. Tim komt razendsnel aangelopen, maar hij is net een tikkeltje te laat om de bal aan te nemen.

'Goed gespeeld, jongens!' Meneer Trap staat aan de zijlijn en klapt enthousiast in zijn handen. 'Dat was een mooie aanval. Ga zo door. Zet ze maar goed onder druk!'

De spelers houden zich aan de aanwijzing. FC De Trappers lanceert de ene aanval na de andere. De goal van SV 07 wordt constant bedreigd. Tim beleeft de dag van zijn leven. Alles wat hij doet lukt hem. Korte passen, lange passen, grote voorzetten, kortom, elke bal komt daar waar Tim hem hebben wil. Maar een doelpunt maken wil maar niet lukken; de bal springt tweemaal tegen de lat en de paal. Een andere kans mislukte toen de libero een geweldige voorzet van Tim uit het veld kopte.

SV 07 komt helemaal niet uit de eigen speelhelft. Bij het fluitsignaal voor de rust is de stand nog steeds 0-0.

Tim en zijn medespelers lopen trots en zelfverzekerd naar de zijlijn.

'Jullie spelen goed', zegt de trainer lovend. 'Jullie hebben SV 07 in de greep.'

'Ziet u wel,' zegt Thomas, 'ik wist het wel: ze spelen als watjes!'

'Misschien', geeft meneer Trap toe. 'Toch moeten jullie oppassen. En nu scoren, maak een doelpunt! Grijp jullie kans!'

De scheidsrechter fluit het begin van de tweede helft. SV 07 is nu aan de aftrap. Bijna aarzelend schuift een speler de bal naar voren. De midvoor stopt de bal en begint te dribbelen. De verdedigers van FC De Trappers zijn verbaasd. Tijdens de eerste helft hadden ze helemaal niets te doen. Op deze aanval vlak na de aftrap hebben ze niet gerekend.

De midvoor heeft het gemakkelijk. Hij passeert Lucas, gaat Matthijs voorbij en spurt moederziel in z'n eentje naar de goal.

'Pieter, pas op!' schreeuwt meneer Trap.

De keeper loopt ver uit de goal. En hij heeft geluk: de midvoor schiet de bal te ver naar voren. Pieter rent zo snel hij kan. Hij is twee passen eerder bij de bal dan de midvoor, maar omdat hij al buiten het strafschopgebied is, mag hij de bal niet meer met de hand aanraken.

'Trap hem weg!' schreeuwt Ben.

Pieter haalt uit. Hij raakt de bal met volle kracht en trapt hem frontaal tegen het been van de midvoor! Pieter ziet verschrikt en met open mond hoe de bal in een hoge boog over hem heen vliegt en in de lege goal terechtkomt.

'O nee!' Pieter rukt zich de haren uit het hoofd. Hij smijt zich op de grond en trommelt wild op het harde veld. Hij hoort het gejubel van de tegenpartij en houdt de handen op z'n oren. Alweer zo'n stom tegendoelpunt! Hij zou het liefst door de grond zakken.

Tim loopt naar Pieter en helpt de keeper zonder woorden weer op de been.

'Dat was niet mijn schuld', verklaart hij beteuterd.

Tim kijkt hem twijfelend aan.

Pieter haalt verontschuldigend zijn schouders op. 'Die midvoor kon gewoon zonder tegenstand door de verdediging wandelen! Wat kan ik doen als die helemaal vrij mijn kant op komt?'

'Je hebt gelijk', mompelt Tim. Hij loopt naar de goal en haalt de bal uit het net. 'Dan moeten we nu dus gewoon twee doelpunten maken', zegt hij en loopt naar het aftrappunt.

'Koppie erbij, jongens!' roept de trainer vanaf de zijlijn. 'Dit is nog geen ramp. Ga verder met jullie spel!'

Maar dat is gemakkelijker gezegd dan gedaan. SV 07 stelt zich met man en macht achteraan op. De rechtsbuiten en de snelle midvoor liggen op de loer bij de zijlijn. De rest verdedigt.

Er is gewoonweg geen doorkomen meer aan voor FC De Trappers. Bovendien worden ze door pech achtervolgd. En de enkele keer dat ze de kans krijgen om te scoren, vliegt de bal gewoon over de goal. Een andere keer raken ze zelfs de doelpaal nog.

De tijd vliegt om.

'Nog één minuut te spelen', kondigt de scheidsrechter aan.

Tim heeft de bal aan zijn voet. Hij kijkt zoekend om zich heen. Wie moet hij de bal toespelen? Daar! Thomas loopt zich vrij.

Tim geeft een wijde voorzet naar het strafschopgebied. De aanvoerder stormt dichterbij, stopt de bal, draait één keer om zijn eigen as en schiet tijdens het vallen... over de goal! De bal scheert haarscherp over de lat.

De scheidsrechter fluit het eindsignaal.

Klaar, over en uit. Het is definitief afgelopen. De tweede nederlaag is een feit.

Terwijl de spelers van SV 07 juichen van blijdschap, verlaten de spelers van FC De Trappers met hangende hoofden het veld.

In de kleedkamer heerst een gespannen stilte. De meeste spelers geven de schuld aan Pieter. Er durft echter niemand hardop te mopperen.

'Jullie hebben heel goed gespeeld', breekt de trainer de stilte.

De spelers kijken stomverbaasd op.

'Echt waar. Jullie waren ronduit beter dan de tegenpartij! Ik maak me helemaal geen zorgen. We hebben vandaag gewoonweg pech', probeert de trainer zijn spelers moed in te spreken.

'Zelfs al bij de vorige wedstrijd, toen Eendracht nog een doelpunt maakte door die vrije trap vlak voor het einde van de wedstrijd. En wat dat doelpunt van vandaag betreft...' Hij kijkt naar Pieter en glimlacht. '... Eerlijk, dat was gewoon domme pech. En pech is pech, daar kan niemand iets aan doen.'

Pieter merkt opgelucht dat de stemming in de kleedkamer een beetje beter wordt. De anderen kijken hem nu toch niet meer zo vijandig aan. Sommigen kunnen zelfs alweer lachen. De terugreis is echter lang niet zo leuk als de heenreis.

Papa's schatkist

Tim zit ineengedoken, met het hoofd in zijn handen voor het raam. Hij baalt nog steeds enorm dat zijn team al twee wedstrijden heeft verloren.

Het weer past ook precies bij zijn stemming. Vannacht kwamen er dikke wolken boven de stad en al de hele ochtend regent het pijpenstelen.

Dan wordt er ineens op de deur geklopt.

'Je hebt bezoek', zegt mama.

Tim draait zich verrast om. Hij heeft de deurbel helemaal niet gehoord.

Pieter en Thomas staan in de deuropening. Ze dragen allebei een trainingspak en hun haar is kletsnat. Mama komt met twee handdoeken en wrijft hun hoofden droog. Zonder te mopperen en met op elkaar geknepen lippen laten ze mama begaan.

'Hebben jullie in dit weer gevoetbald?' vraagt mama verbaasd.

'We hebben het geprobeerd', zegt Pieter.

'Zie je wel mama', moppert Tim. Hij heeft vanmiddag met mama ruzie gehad omdat Tim koste wat kost naar het oefenveldje wilde gaan. 'Ben je gek geworden? In die regen gaat toch niemand voetballen?' was het enige dat mama had gezegd. En hij mocht het huis niet uit.

'Ja,' zegt Thomas, 'maar het ging jammer genoeg niet. Het veldje stond helemaal blank.'

'Zie je wel', roept mama triomfantelijk en grijnst naar Tim voordat ze de drie jongens alleen laat.

'Zullen we tafelvoetbal spelen?' stelt Tim voor.

'Wat, heb jij een tafel?!' vraagt Thomas enthousiast.

'Nee, die is van mijn vader', zegt Tim. 'Ik zal hem vragen of wij ermee mogen spelen.'

'Ja, kom op!' roept Pieter. 'Waar wachten we op!'

Tim vliegt de kamer uit.

'Het is in orde', zegt hij als hij even later weer terug is. 'We mogen niet te veel lawaai maken, maar gelukkig staat de tafel in de kelder. Ga je mee?'

Tim, Pieter en Thomas springen de trap af en belanden in een grote droogkelder. In het midden staat een bijna gloednieuw tafelvoetbalspel.

'Eerst speel ik tegen jullie twee.' Tim neemt de stang van de keeper in de linkerhand. Hij bedient de drie andere stangen met de rechterhand.

'Waar wil jij spelen, vooraan of achteraan?' vraagt Thomas.

'Achteraan natuurlijk', zegt Pieter.

Tim gooit de bal in. Thomas draait wild aan de handgrepen van zijn stangen. De vijf blauwe middenveldspelers draaien bliksemsnel rond. Alleen bij toeval raakt één van de mannetjes de bal. De kleine plastic bal raast over het speelveld en knalt in Tims goal.

'1 - 0!' juicht Thomas.

'Hé, dat telt niet,' moppert Tim, 'zonder te zwengelen, was de afspraak.'

'Niet waar', sputtert Thomas tegen.

'Dan geldt dat vanaf nu', zegt Tim. 'Zwengelen is verboden. Anders komen er strafschoppen.'

'Hoe kun je in hemelsnaam een strafschop schieten bij tafelvoetbal?!' grinnikt Pieter. 'Maak

34

je dan misschien een speler los van de stang en die moet dan elf passen tellen?'

'Sukkel', scheldt Tim.

Thomas en Pieter vallen bijna om van het lachen.

'Ik kan de bal voor de midvoor leggen bij een strafschop, legt Tim uit. 'En jij mag je verdedigers er niet tussen zetten. Oké?'

'Oké', antwoordt Thomas in plaats van Pieter.

'Vooruit, gooi de bal in het veld.'

Tim speelt veel beter dan de twee anderen samen. Thomas kan niet spelen zonder te zwengelen. En Pieter schuift de keeper gewoon wild heen en weer. Ze hebben geen schijn van kans: Tim komt al vlug aan de leiding met 7 - 1.

De kleine bal rolt over het speelveld. Pieter stopt hem met de verdediger en schiet hem terug naar voren over de band. Thomas probeert hem te pakken te krijgen met de middenveldspelers. Hij heeft echter helemaal geen kracht in z'n linkerhand. Hij glijdt en de goed geoliede stang draait wel drie- tot viermaal in het rond.

'Hé, dat was zwengelen!' schreeuwt Tim.

'Ik heb helemaal niet gezwengeld!' roept Thomas terug. 'Ik ben uitgegleden.'

'Dat maakt helemaal niets uit, gezwengeld is gezwengeld! Dat is dus een strafschop!'

'Nee!'

'Jawel, dat was de afspraak!' krijst Tim.

'Alleen als er met opzet is gezwengeld. Maar ik ben er toch van afgegleden.' Thomas grijpt de kleine bal en stopt die in zijn broekzak.

'Vooruit, geef de bal!' Tim rent rond de tafel en probeert Thomas te pakken te krijgen.

Maar die gaat snel in dekking achter Pieter staan.

'Pak me dan, als je kunt!' roept hij, en laat zijn tong zien.

'Stomme spelbreker!' zegt Tim.

Plotseling wordt de kelderdeur opengerukt.

'Wat is hier aan de hand?!' tiert Tims papa.

'Niets', zeggen Pieter en Thomas als uit één mond.

'Helemaal niets', zegt Tim dan ook met een lief gezicht.

'Ach, laat me niet lachen, ik heb jullie geruzie tot boven in huis gehoord!'

'Dat was geen echte ruzie', zegt Thomas. Hij haalt de bal uit zijn zak en duwt hem stiekem achter zijn rug in Tims handen.

'Ach, het is ook niet zo erg', zegt Tims papa dan lachend. 'Het belangrijkste is dat jullie nu een beetje stiller zijn. Oké?'

'Beloofd', zegt Tim. 'Mogen we verder spelen?'

'Natuurlijk', zegt papa. Zijn ogen staren vol heimwee naar de tafel. 'Vinden jullie het goed als ik ook meespeel?'

'Ja!' roepen de jongens. Ze beginnen onmiddellijk te kibbelen wie met Tims vader mag spelen.

'Kalm aan!' brult papa. 'Ik speel afwisselend met één van jullie.'

'Eerst met mij!' roept Pieter. Hij gaat bliksemsnel bij de blauwe verdedigers staan en trekt Tims papa naar zich toe.

Tims papa speelt een spel met elk van de jongens. Hij wint de drie spelletjes. Tim en papa winnen zelfs met 10 - 0 tegen Thomas en Pieter.

'Konden we in het echte voetbal ook maar zo goed spelen', moppert Tim, nadat papa het laatste doelpunt heeft gemaakt. En zijn vrolijkheid is plotseling verdwenen.

De blije lach verdwijnt ook van Pieters gezicht. Ook al heeft geen enkele medespeler hem iets verweten, hij voelt zich als keeper toch schuldig aan dat domme tegendoelpunt.

'Zo'n nederlaag is niet gemakkelijk om te verwerken, hè?' vraagt papa begrijpend. Hij weet precies hoe dat voelt, want hij heeft vroeger ook gevoetbald. Tims papa kijkt eventjes zwijgend naar de drie voetbalvrienden en dan beginnen ineens zijn ogen te stralen. 'Ik heb een idee!' roept hij. 'Kom, ga maar vast naar boven. Ik kom jullie zometeen achterna.'

Gehoorzaam verlaten de drie jongens de kelder.

'Wat is je vader van plan?' vraagt Thomas nieuwsgierig terwijl ze de trap opgaan.

'Ik denk dat papa zijn schatkist gaat halen', zegt Tim.

'Een echte schatkist?!' vraagt Pieter met spanning.

Hij gaat naast Thomas op het kleed in Tims kamer zitten en wacht gespannen af.

Tims papa sleept inderdaad een grote kist de kamer in en opent het zware deksel.

'Wauw' en 'cool', zeggen Pieter en Thomas. De kist is tot aan de rand gevuld met oude vergeelde voetbalkranten, een videoband met belangrijke wedstrijden van het nationaal elftal, een bal met handtekeningen van beroemde spelers, een grote en een kleine beker en een hoop foto's. Veel foto's zijn in albums geplakt, maar er ligt nog een hele stapel los in de kist. Ook Tim gluurt er nieuwsgierig naar, hoewel hij ze bijna allemaal al eerder heeft gezien.

Papa woelt in de kist en haalt een fotoalbum tevoorschijn. Hij bladert erin tot hij eindelijk de juiste bladzijde heeft gevonden. 'Dit wil ik jullie laten zien!'

Er staan twee foto's op deze bladzijde, maar er valt niet veel op te herkennen. Op de eerste is een voetbalteam te zien dat in een kring staat. Op de andere foto zitten dezelfde spelers aan een tafel. Ze steken elk een glas bier omhoog en schijnen zich goed te vermaken.

'Wat zijn dat voor foto's?' vraagt Pieter.

'Dat is mijn oude team', legt Tims papa uit. 'Dat ben ik.' Hij wijst naar een slanke speler met heel lang haar.

'Bent u dat?' vraagt Thomas verbaasd.

Tims papa slaat zich lachend op zijn kleine buikje. 'Die foto is al een beetje ouder', zegt hij. 'Van ongeveer vijftien jaar geleden. De twee foto's zijn op dezelfde dag gemaakt. De eerste voor de wedstrijd en de tweede erna in het clubhuis.'

'Die wedstrijd hebben jullie vast gewonnen', vermoedt Tim.

'Helemaal niet!' zegt papa. 'Die dag hebben we voor de zevende keer achter elkaar een wedstrijd verloren.'

'En waarom lacht iedereen dan toch nog op de foto?' vraagt Pieter zich af.

'Omdat wij ons er niet onder hebben laten krijgen. Wij zijn elkaar altijd blijven steunen. De volgende wedstrijd hebben we gewonnen en daarna hebben we tot aan het einde van dat seizoen nog maar één keer verloren. Wij zijn toen nog als der-de geëindigd.'

'Mooi', zegt Thomas goedkeurend.

'Betekent dat', zegt Tim grijnzend, 'dat wij nu ook bier moeten drinken als we willen winnen?'

'Waag het niet!' zegt papa dreigend. 'Nee, flau-wekul! Ik wil hiermee alleen maar duidelijk ma-ken dat jullie elkaar moeten steunen, maar vooral dat jullie het plezier in het voetbal niet mogen verliezen. Je zult zien, vroeg of laat gaan jullie winnen.'

De drie jongens staren zwijgend in de kist en denken na over de woorden van Tims papa.

'Wat is dat daar?' vraagt Tim na een tijdje. Hij haalt een klein teddybeertje onder uit de kist.

'Dat is Maurits', zegt papa. Zijn stem klinkt in-eens heel zacht. 'Maurits was mijn talisman, mijn geluksbrenger. Hij begeleidde mij bij elk spel. Kijk, ik heb hem zelfs een shirt van ons team aan-getrokken.'

'Waar was Maurits dan toen u die zeven wed-strijden verloor?' vraagt Pieter.

'Die had toen geen schijn van kans om ons ge-luk te brengen. Wij waren gewoon veel te slecht. Op zulke ogenblikken kan ook een geluksbrenger geen wonderen doen', verduidelijkt Tims papa.

'Wij hebben goed gespeeld in de twee wedstrij-den', zegt Thomas. 'Dat vindt zelfs meneer Trap. En toch hebben we verloren.'

'Dat is natuurlijk de reden!' schreeuwt Tim in-eens. 'Ik weet waarom wij altijd verliezen. Wij zijn vast het enige voetbalteam ter wereld dat geen geluksbrenger heeft!'

Het duurt eventjes voordat Thomas en Pieter het begrijpen. Maar dan zijn ze net zo opgewon-den als Tim.

'Wij hebben een geluksbrenger nodig', stelt Pieter vast. 'Maar waar vinden we die?'

'Mogen we Maurits misschien?' vraagt Tim. 'Alsjeblieft, papa, alsjeblieft.'

'Dat gaat niet', antwoordt papa. Ik wil jullie graag helpen, maar Maurits brengt alleen mij ge-luk. Hij zou jullie niet kunnen helpen. Jullie moe-ten zelf een geluksbrenger vinden.'

43

Jeroen en de mascotte

De volgende dag gaan Tim, Thomas en Pieter naar het oefenveldje. Ze hebben een geheime afspraak, codenaam 'Geluksbrenger'. De drie jongens hebben besloten om niets aan de rest van het team te vertellen. Ze willen zelf op zoek gaan naar een geluksbrenger. Volgende zondag, vlak voor de aftrap, willen ze hun vondst dan aan de andere spelers laten zien.

Eerst moeten ze een geluksbrenger vinden. En dat is niet zo eenvoudig. Ze hebben het halve voetbalveld al afgezocht.

'Ik heb hem!' roept Pieter plotseling. Hij steekt zijn vuist omhoog.

Tim en Thomas rennen zo snel ze kunnen naar hem toe.

'Kom op, laat zien!' zegt Thomas bedelend.

'Schiet op!' zegt Tim ongeduldig.

Pieter doet zijn vuist open.

'Man, dat is toch niks anders dan een gewone steen', merkt Thomas teleurgesteld op.

'Nee,' verdedigt Pieter zijn vondst, 'dit is heel zeker een bijzondere steen. Kijk maar eens hoe die eruitziet. Net een…'

'Mooi niet', onderbreekt Tim en begint opnieuw te zoeken.

'Misschien deze stok hier?!' roept Pieter enkele minuten later over het veld.

'Nee!' roept Tim terug.

'Of dit oude turnschoentje!' Pieter duikt op uit de struiken. 'Dat is een toffe geluksbrenger!'

'Nee!'

'Of deze…!'

'Nee!' brult Tim.

'Dan weet ik het ook niet', zegt Pieter moedeloos. 'Ik denk dat we hier nooit een geluksbrenger zullen vinden.'

De drie jongens geven hun zoektocht op. Ze gaan naar het midden van het veldje.

'Zou er in de stad geen geluksbrengerwinkel zijn?' vraagt Thomas.

'Geluksbrengers zijn niet te koop', antwoordt Tim. 'Papa heeft gezegd dat je een geluksbrenger moet vinden. Je ziet hem en dan weet je dat hij geluk brengt.'

'Heeft jouw papa ook gezegd waar je er eentje kunt vinden?' vraagt Pieter.

Tim schudt het hoofd.

'We kunnen toch mijn oude inlineskates nemen?' stelt Thomas voor. 'Die hebben mij altijd geluk gebracht. Ik ben er nog nooit mee gevallen, behalve één keer. Maar dat deed geen pijn.'

'Dat gaat toch niet', zegt Pieter. We hebben een geluksbrenger voor het hele team nodig. En wij moeten die vinden.'

'Ik kan ze toch ook uit het raam smijten?' besluit Thomas. 'Ja, en dan vinden jullie ze heel toevallig.'

'Nee, dat is bedrog. Het geluk merkt dat vast wel.' Tim schudt het hoofd.

'En wat denken jullie van het spiekbriefje van de laatste wiskundetest?' Thomas doet het ene voorstel na het andere. 'Dat heeft me echt geluk gebracht. Ik had een zeven!'

'De geluksbrenger moet geen geluk brengen bij het rekenen, maar bij het voetbal, stommerik!' zegt Tim krachtig.

'Jij bent een stommerik!' zegt Thomas woedend.

'Stop toch met dat geruzie', komt Pieter tussenbeide.

'Laten we liever gaan voetballen.'

'Dat vind ik ook', zucht Tim. 'We gaan morgen wel verder zoeken.'

Pieter gaat tussen de doelpalen staan. Thomas en Tim spelen elkaar de bal toe en schieten vanuit het strafschopgebied op de goal. Met z'n drieën spelen is jammer genoeg niet erg leuk.

'Ik heb geen zin meer', zegt Tim na een tijdje. 'Ik ga naar huis. Doei, tot morgen.'

'Doei!' roepen ook Thomas en Pieter.

Tim slentert langzaam door de straten. Je kunt aan zijn gezicht zien dat hij teleurgesteld is. Hij had zo graag een geluksbrenger willen vinden. Op weg naar huis loopt hij langs veel etalages. Hij kijkt overal naar binnen. Misschien is er toch

wel ergens een winkel waar men geluksbrengers verkoopt. Een gekochte geluksbrenger is dan wel minder waard dan een gevonden geluksbrenger, maar misschien kon die toch genoeg geluk brengen om een gelijkspel te behalen.

Maar Tim heeft geen geluk. Hoe zou het ook kunnen, zo zonder geluksbrenger. Er zijn nergens geluksbrengers te koop.

Zuchtend loopt hij de hoofdweg af. FC De Trappers zal het volgende spel ook wel weer verliezen. Dat is zo zeker als tweemaal twee vier is.

Tim slaat zijn straat in. Vlak achter het kruispunt staat een grote verhuiswagen. De verhuizers sleuren zwetend doos na doos uit het huis.

Tim ziet ineens een jongeman in de deuropening. Tim is verrast. Dat is toch…

'Hé, Jeroen!' roept hij.

De jongeman kijkt zoekend om zich heen, ontdekt Tim en zwaait lachend naar hem. Dan verdwijnt hij weer in het huis.

Jeroen is de rechtsbuiten van het eerste team van FC De Trappers. Het vorige seizoen was hij de topscorer van de eerste divisie. Tim wist helemaal niet dat hij ook in zijn straat woont! Of woonde.

Tim blijft staan naast de verhuiswagen en wacht tot Jeroen weer opduikt.

'Ga je verhuizen?' vraagt Tim.

'Ja', antwoordt Jeroen. Zijn ogen stralen. 'Ik heb een aanbod gekregen van een profclub!'

'Word jij prof?!' schreeuwt Tim het uit. Hij kan het nauwelijks geloven. 'Krijg ik een handtekening van je?'

'Meen je dat?' vraagt Jeroen.

Tim knikt heftig.

Jeroen lacht. 'Sjonge, mijn eerste handtekening! Wacht, ik moet even een pen zoeken.'

Tim gaat op de muur naast de ingang van het huis zitten. En opeens gebeurt het: een verhuizer tilt een grote doos op de verhuiswagen. Hierbij stoot hij tegen een andere doos, waaruit iets op straat valt: een klein stoffen aapje.

'Dat is onze geluksbrenger!' juicht Tim. Hij grijpt het knuffeldier als de bliksem en verstopt het achter de muur. Hij zou het liefst zo snel mogelijk willen weglopen. Maar dat zou te veel opvallen. Hij blijft op de muur zitten en wacht.

Jeroen komt maar niet terug. De seconden duren een eeuwigheid. Langzaamaan krijgt Tim een slecht geweten. Hij weet donders goed dat hij de stoffen aap niet zomaar mag meenemen. Verdorie, als Jeroen nu niet snel komt…

'Daar ben ik weer', zegt Jeroen precies op dat moment achter Tim.

Tim krimpt geschrokken ineen.

'Wat moet ik voor je opschrijven?' zegt Jeroen en zwaait met een zwarte viltstift.

Maar Tim is zo geschrokken dat hij geen woord meer kan zeggen.

'Waar moet ik mijn handtekening zetten?' vraagt Jeroen.

Tim antwoordt niet.

'Hé, wat is met jou aan de hand?' vraagt Jeroen.

Tim doet langzaam een hand achter zijn rug en haalt het aapje tevoorschijn. 'Dat is op de grond gevallen', zegt hij stil.

'O, dat is Judy, de mascotte van ons team.'

Tim knikt. 'Dat dacht ik al', zegt hij zacht. 'Ik had hem bijna meegenomen. Wij hebben namelijk dringend een geluksbrenger nodig!'

'Waarvoor?' vraagt Jeroen.

Tim vertelt hem het hele verhaal. Van de twee nederlagen en van papa's schatkist en hoe ze naar een geluksbrenger hebben gezocht.

Jeroen luistert kalm. 'Ik denk dat ik jullie wel kan helpen', zegt hij en loopt naar de verhuiswagen. Hij maakt een doos open en trekt er een shirt uit. Een heel bijzonder shirt!

'In dit shirt ben ik topscorer geworden', legt Jeroen uit. 'Ik wilde het eigenlijk houden als souvenir, maar… ik denk dat jullie het harder nodig hebben dan ik.'

'Maar dat kan toch helemaal niet', sputtert Tim tegen. 'Een geluksbrenger moet je niet krijgen maar vinden, anders brengt hij geen geluk!'

'Dat is niet waar', antwoordt Jeroen. 'Een ge-luksbrenger als geschenk is precies hetzelfde als een gevonden geluksbrenger.'

'Zeker weten?' zegt Tim twijfelend.

'Erewoord', zweert Jeroen. Hij doet de dop van de viltstift, schrijft zwierig zijn naam op het shirt en geeft het aan Tim.

'Te gek!' juicht Tim. Hij grijpt het shirt en rent weg. Na een paar meters draait hij zich om. 'Be-dankt!' roept hij. 'En veel geluk bij je nieuwe club!'

Jeroen zwaait naar hem. Tim rent zo snel hij kan naar huis. Hij moet koste wat kost Thomas en Pieter opbellen.

Een geweldige geluksbrenger

Tim wordt van dag tot dag, van uur tot uur zenuwachtiger. Hij heeft het kunnen volhouden. Behalve aan Thomas en Pieter heeft hij niemand iets verteld over het shirt van Jeroen. Zelfs tijdens de training heeft hij niets verraden. Maar nu wordt het wel eens tijd dat de andere spelers opduiken. Anders barst Tim nog uit elkaar.

Eindelijk is iedereen in de kleedkamer. Meneer Trap haalt, zoals altijd, de frisgewassen shirts uit de teamkoffer en deelt ze uit terwijl hij in de gezichten vol twijfel kijkt. De spelers zijn niet meer zo zelfverzekerd na de twee nederlagen aan het begin van het seizoen.

Vandaag moeten ze toch eens gaan winnen. Maar of dit FC De Trappers zal lukken?

'Kom op jongens, we laten het hoofd toch niet hangen voor het begin van de wedstrijd', spreekt de trainer hun moed in. 'We hebben tweemaal pech gehad. Nou en? We gaan ook wel weer winnen hoor.'

'Zeker weten!' roept Tim. 'En dat gaat vandaag gebeuren!'

'Wat is er met jou?' Meneer Trap draait zich om.

'Uitgerekend jij zat vorige week nog helemaal in zak en as.'

'Dat klopt.' Tim springt op. 'Maar nu weet ik waarom wij niet gewonnen hebben. En ik heb de oplossing gevonden!'

'Wij!' verbetert Thomas en gaat naast Pieter en Tim staan.

'Nu word ik echt nieuwsgierig', zegt de trainer. Iedereen staart de drie jongens ongeduldig aan.

'Hebben wij niet verloren omdat we pech hadden?' vraagt Tim.

'Ja, ik denk het wel', antwoordt meneer Trap.

'En wij hadden alleen maar pech, omdat wij...' – Tim pauzeert om de spanning erin te houden – '... omdat wij geen geluksbrenger hadden!'

'Ja, dat is zo!' roept Lucas. 'We hebben dus dringend een geluksbrenger nodig! Maar waar gaan we die vinden?'

'Die geluksbrenger is er al!' Eindelijk kan Thomas het vertellen. Pieter en hij vertellen om beurten hoe ze op het idee zijn gekomen. Ze vertellen over hun wanhopige zoektocht naar de geluksbrenger op het trapveldje en dat er nergens een geluksbrengerwinkel te vinden is. Tim haalt ondertussen het shirt van Jeroen uit zijn sporttas en verstopt het achter zijn rug.

'Voor de draad ermee!' zegt Matthijs ongeduldig. 'Hebben jullie nu wel of niet een geluksbrenger gevonden?'

'Vast wel,' zegt de trainer, 'maar ik hoop alleen dat het niet een dier is. Een rat of zo.'

Ineens roepen alle spelers door elkaar. Ze hebben allemaal een nog beter idee: 'Een krokodil!' 'Die kan de tegenstanders in hun kuiten bijten, zodat ze niet meer kunnen scoren!'

'Of een leeuw. Die is nog gevaarlijker dan een krokodil!'

'Een olifant! Die zetten we in de goal zodat we nooit meer kunnen verliezen!'

'Stop!!!' Tim springt op de bank en brult nog luider dan iedereen samen. Het wordt muisstil.

'Wij hebben nog iets veel beters!' Tim haalt het shirt heel langzaam tevoorschijn en laat het aan zijn medespelers zien. Het verwachte applaus blijft echter uit.

'Fff, een shirt van FC De Trappers', stelt Ben teleurgesteld vast.

'Ja, en wat is daar mis mee?'

'Dit is niet zomaar een shirt', zegt Pieter.

'Nee, dit is een heel bijzonder shirt!' Tims stem klinkt plechtig. 'In dit shirt is Jeroen vorig seizoen topscorer geworden. Kijk maar, hier vooraan staat zijn handtekening. En hij heeft het mij gegeven. Voor ons team, als geluksbrenger!'

Er breekt een storm van enthousiasme uit in de kleedkamer. Tim, Thomas en Pieter worden als helden bejubeld. De spelers kleden zich bliksemsnel om en kunnen niet wachten tot de scheidsrechter eindelijk de aftrap fluit. Met zo'n geluksbrenger kan er echt niets meer stuk. De spelers van FC De Trappers stormen vol vertrouwen naar het veld.

Terwijl de rest van de spelers zich warmlopen, binden Tim, Thomas en Pieter het shirt aan het net van hun goal vast.

'Wat doen we als we op deze goal moeten spelen?' vraagt Thomas kritisch. 'Het shirt moet toch in de goal van Pieter hangen?'

'Dan moet jij er maar voor zorgen dat je de toss wint', zeg Tim droog.

'En wat doen we dan tijdens de tweede speelhelft?' vraagt Pieter.

Voordat Tim iets kan zeggen mengt de scheidsrechter zich in het gesprek. 'Dat shirt kan daar
niet blijven hangen.'

'Waarom niet? Dat is onze geluksbrenger', antwoordt Tim.

'Dat interesseert mij niet', zegt de scheidsrechter. 'Dat shirt ziet er net zo uit als dat van jullie
team. Dat is verwarrend. Dus: haal het weg.'

Het shirt in het net vastmaken was al een heel
karwei, maar het losmaken gaat nog lastiger. Net

voordat de scheidsrechter de twee teams naar het midden van het veld fluit, lukt het.

'Wat doen we met het shirt?' vraagt Pieter.

'Leg het gewoon in het doel', stelt Tim voor. 'Het zal ons zeker ook geluk brengen als het op de grond ligt.'

Thomas wint de toss. FC De trappers is aan de aftrap. Maar de bal blijft niet lang in hun bezit. Twee, drie korte passen en dan springt Tim ertussen. Hij schiet onmiddellijk naar de linksbuiten die de bal terug naar Tim trapt. De spelmaker schiet zonder te stoppen naar Thomas. De bal rolt door de verdediging van FC De trappers. Ze hebben geen schijn van kans. Thomas leidt de bal. Hij passeert zelfs zijn tegenstander en stoot door naar het strafschopgebied.

'Geef de bal af!' roept Tim. Hij spurt naar voren, neemt de bal aan en schiet hem pal in de uiterste rechterhoek.

'Goaaaaal!' Juichend zwenkt Tim af.

Meneer Trap klapt krachtig in zijn handen. 'Goed zo, jongens! Geweldig, Tim! Vooruit, speel door! Dek de verdediging!'

Maar de spelers denken er niet aan. Ze zijn steeds in de aanval en krijgen de ene kans na de andere. Vooral Tim speelt alsof zijn leven ervan afhangt. Hij verdeelt de ballen naar links en naar rechts en trapt steeds opnieuw naar de goal. Vlak voor de rust rammelt het opnieuw in de goal van FC De trappers. En het is alweer Tim die de aanval leidt. Zijn schitterende pass wordt in een 2 - 0 omgezet door Thomas!

Ook in de tweede helft heeft FC De Trappers de leiding. Ditmaal vergeten ze ook niet te scoren. Simon maakt er 3 - 0 van na een voorzet van Tim. Vanuit het strafschopgebied van de tegenpartij schiet Thomas 4 - 0. FC De Trappers is niet meer te stoppen!

Tim maakt het vijfde, laatste en mooiste doelpunt van die dag. Matthijs houdt het in de eigen speelhelft niet uit en stormt naar voren langs de

rechterbuitenlijn. Ter hoogte van het strafschopgebied draait hij naar binnen en haalt uit. De bal
schiet als een pijl uit de boog naar de goal. De
keeper van FC De trappers kan hem nog maar
net tegenhouden. De bal vliegt regelrecht naar
Tim. Hij springt en schiet de bal met effect precies
in de linkerhoek. Een supergoal!

Iets later fluit de scheidsrechter de wedstrijd af.
Het hele team stormt naar Tim. De spelmaker kan
de wedstrijd bijna helemaal op zijn naam schrij-
ven. Zelfs Pieter komt uit zijn goal. Het shirt van
Jeroen wappert als een vlag in zijn omhooggesto-
ken handen. Tim neemt het shirt en loopt naar
de zijlijn. 'Dat hebben we aan onze fantastische
geluksbrenger te danken!'

'En aan julliezelf', zegt de trainer. 'Jullie hebben ditmaal alles perfect gedaan. Het spel was
geweldig!'

'Dat is waar', zegt Tim, 'en ik wed
dat we nog eens kampioen
worden!'

Ulli Schubert werd in 1958 geboren in Hamburg (Duitsland), waar hij nog altijd woont. Hij werkte als opvoeder en sportjournalist en schrijft sinds 1991 kinder- en jeugdboeken. Als kind las hij graag voetbalboeken en detectiveverhalen, met de zaklamp onder het dekbed! Het liefst van al speelde hij voetbal en hij is vandaag nog altijd een voetballiefhebber.

Wilfried Gebhard is opgegroeid in Stuttgart (Duitsland). Hij studeerde grafische en beeldende kunsten en werkte een tijdje in de reclamewereld. Later begon hij cartoons en andere illustraties te tekenen. Zijn werk is gepubliceerd in tijdschriften, cartoon- en kinderboeken en hij werkt ook mee aan tv-programma's voor kinderen.